001

002

FORTUNA SEQUATUR

003

004

TENEBO

005

006

007

008

009

010

011

MALGRÉ LE TORT.

012

028

029

LOYAL AU MORT

PREND MOY TEL QUE JE SUIS

030

031

032

033

034

035

TETN ANG

036

037

PAX COPIA SAPIENTIA

038

039

040

DANTE DEO

041

042

NEC TIMEO NEC SPERNO

043

044

045

046

047

048

049

050

PER VARIOS CASUS

051

052

053

054

4

055

056

COMME JE FUS.

057

058

059

060

061

062

063

064

SEROU SED SERIO.

065

066

067

MEDIOCRIA FIRMA.

068

069

070

071

072

073

074

075

076

EN BON ESPOIR

077

078

079

6

080

081

082

083

084

085

086

087

088

089

090

091

SPES   BONA

092

093

094

096

097

098

099

095

100

101

102

103

104

105

106

8

Auxilio Divino

Sic parvis magna

107

108

109

110

111

112

113

114

115

116

117

118

119

VELLE BENE FACERE

120

121

9

122

123

124

125

126

127

128

129

130

131

132

133

134

135

136

137

10

138

139

AQUILA NON CAPTAT MUSCAS

140

141

142

143

144

145

146

147

148

149

150

151

11

152

153

154

155

SPEIRO · MELIORA

156

157

158

159

160

161

162

12

163

AT COMMAND OF OUR SUPERIORS.

164

165

166

EXCITARI NON HEBESCERE

167

168

169

170

171

172

173

174

PRO LIBERTATE PATRIÆ

175

176

NIL DESPERANDUM

177

178

179

180

181

182

183

184

185

186

187

188

189

190

191

192

14

193

194

195

196

197

198

199

200

201

202

203

204

205

206

15

207

208

209

210

211

212

213

214 FORTIOR LEONE JUSTUS

215

216

217

218

219

16

220

221

222

223

224

225

226

227

228

229

230

231

232

233

234

235

236

LUX TUA VIA MEA

237

238

240

241

239

242

243

244

245

246

247

248

249

250

251

252

253

Consilio et animis

254

LYDIA

255

256

257

258

259

NEC SINIT ESSE FEROS

260

19

261

262

263

265

264

266

267

269

270

SOLA VIRTUS INVICTA

268

271

20

272

J'AYME A JAMAIS

273

274

275

276

277

278

279

280

281

282

283

21

284

285

286

287

288

289

290

291

292

293

294

295

296

297

298

299

300

22

301

302

303

304

305

306

307

308

309

310

311

312

313

In·hoc·signo·vincet

23

314

315

316

317

318

319

320

321

322

323

324

325

POLLET

VIRTUS.

326

327

328

SAPIENS·QUI·ASSIDUUS

24

329

330

331

332

333

334

335

336

337

338

339

340

RES EST INVICTA VERITAS.

341

342

343

344

345

346

FORTUNA DOMUS.

347

348

349

350

351

352

353

354

355

356

26

357

358

DEI · DONVM

359

360

361

363

FOR · BEAR

364

362

365

366

367

368

369

SPES · BONA

370

27

371

372

373

374

375

376

377

378

379

380

381

382

28

383

384

385

386

388

387

389

390

391

392

393

394

395

396

397

398

399

400

401

402

403

404

405

406

AUT NUNQUAM   TENTES,   AUT PERFICE

407

408

409

410

AUDACTER   ET   SINCERE

411

412

413

H B

414

415

416

417

418

PUGNA PRO PATRIA

419

420

421

UTILE·ET·DULCE

422

pro libertate

423

31

424

425

427

428

426

429

430

431

PRO PATRIA NON TIMIDUS PERIRE

432

433

435

434

436

GARDE TA FOY

437

438